新課程 SUKEN NOTEBOOK

チャート式® 基礎と演習 数学A
基本・標準例題完成ノート

A

【場合の数と確率，図形の性質，数学と人間の活動】

[検印欄]

年　組　番

検 印 欄

年　組　番

SUKEN NOTEBOOK

チャート式
基礎と演習　数学A

基本・標準例題完成ノート
【場合の数と確率，図形の性質，数学と人間の活動】

本書は，数研出版発行の参考書「チャート式 基礎と演習　数学 I＋A」の
数学 A の　第 1 章「場合の数」，第 2 章「確率」，第 3 章「図形の性質」，
第 4 章「約数と倍数」，第 5 章「互除法，整数の性質の活用」
の基本例題，標準例題とそれに対応した TRAINING を掲載した，書き込み式ノートです。
本書を仕上げていくことで，自然に実力を身につけることができます。

目　次

第 1 章　場合の数

1. 集合の要素の個数 …………… 2
2. 場合の数 …………… 7
3. 順列 …………… 13
4. 組合せ …………… 25

第 2 章　確率

5. 事象と確率 …………… 35
6. 確率の基本性質 …………… 39
7. 独立な試行と確率 …………… 44
8. 条件付き確率 …………… 52
9. 期待値 …………… 56

第 3 章　図形の性質

10. 三角形の辺の比，外心・内心・重心 …………… 61
11. チェバの定理，メネラウスの定理 …………… 69
12. 三角形の辺と角 …………… 71
13. 円に内接する四角形 …………… 73
14. 円と直線 …………… 77
15. 2 つの円の関係・共通接線 …… 83
16. 作図 …………… 85
17. 空間における直線と平面 ……… 90
18. 多面体 …………… 95

第 4 章　約数と倍数

19. 約数と倍数 …………… 97
20. 最大公約数・最小公倍数 …… 103
21. 整数の割り算と商・余り …… 107

第 5 章　互除法，整数の性質の活用

22. ユークリッドの互除法 ……… 113
23. n 進法 …………… 121
24. 座標の考え方 …………… 126

211201

1 集合の要素の個数

基本 例題 1 全体集合 U と，その部分集合 A，B について

$$n(U)=60, \quad n(A)=25, \quad n(B)=16, \quad n(A\cap B)=8$$

であるとき，次の個数を求めよ。

(1) $n(A\cup B)$

(2) $n(\overline{A})$

(3) $n(\overline{B})$

(4) $n(\overline{A\cup B})$

(5) $n(\overline{A}\cap\overline{B})$

TR (基本) **1**　全体集合 U と，その部分集合 A，B について

$$n(U)=80,\ n(A)=36,\ n(B)=24,\ n(A\cap B)=12$$

であるとき，次の個数を求めよ。

(1)　$n(A\cup B)$

(2)　$n(\overline{A})$

(3)　$n(\overline{B})$

(4)　$n(\overline{A\cup B})$

(5)　$n(\overline{A}\cup\overline{B})$

基本 例題 2

300 以下の自然数のうち，次のような数の個数を求めよ。

(1)　5 の倍数

(2)　8 の倍数

(3)　5 の倍数でない数

(4)　5 の倍数かつ 8 の倍数

(5)　5 の倍数または 8 の倍数

TR（基本）**2**　400 以下の自然数のうち，次のような数の個数を求めよ。

(1)　4 の倍数

(2)　4 の倍数でない数

(3)　4 の倍数かつ 10 の倍数

(4)　4 の倍数または 10 の倍数

標 準 例題 3　40 人の生徒に，テレビ番組 A，B を見たかどうかを調べた。A を見た人が 20 人，B を見た人が 30 人，両方とも見た人が 11 人であるとき，A，B の少なくとも一方を見た人は ア□ 人，両方とも見なかった人は イ□ 人である。

TR (標準) 3　あるクラスの生徒 50 人のうち，通学に電車を利用している人は 30 人，バスを利用している人は 40 人，両方を利用している人は 26 人である。このクラスで，電車もバスも利用していない人は ア□ 人，電車を利用しているが，バスは利用していない人は イ□ 人いる。

2 場合の数

基本 例題4 (1) 各位の数字がすべて正の偶数で，その和が 10 であるような 3 桁の整数は全部で何個あるか。

(2) 1 枚のコインを繰り返し投げ，表が 3 回出たらそれ以降は投げない。1 回目に表が出たとき，コイン投げが 6 回以内で終わる場合は何通りあるか。

TR (基本) **4**　(1)　1 個のさいころを 3 回投げ，その目の和が 7 となる場合は何通りあるか。

(2)　A，B の 2 人が試合を行い，先に 3 勝した方が勝ちである。引き分けはなしで 5 回以内で勝負がつくのは何通りの場合があるか。

基本 例題 5 ➡ 白チャートⅠ+A p. 294（白チャートA p.20） STEP forward

大小 2 個のさいころを同時に投げるとき，目の和が 6 の倍数となる場合の数は何通りあるか。

基本 例題 5 ➡ 白チャートⅠ+A p. 294（白チャートA p.20） STEP forward

大小 2 個のさいころを同時に投げるとき，目の和が 6 の倍数となる場合の数は何通りあるか。

TR (基本) **5**　1 個のさいころを 2 回投げるとき，目の積が 12 の倍数となる場合の数は何通りあるか。

基本 例題 6

□ 解説動画

(1) 大小 2 個のさいころを同時に投げるとき，1 の目が 1 個も出ない目の出方は何通りあるか。

(2) 積 $(a+b+c)(x+y)$ を展開すると，項は何個できるか。

TR (基本) **6** (1) 大中小 3 個のさいころを同時に投げるとき，どの目も奇数になる目の出方は何通りあるか。

(2)　積 $(a+b+c)(x+y)(p+q)$ を展開すると，項は何個できるか。

標 準 例題 7　108 の正の約数の個数と，その総和を求めよ。

TR (標準) **7**　648 の正の約数の個数と，その総和を求めよ。

標 準 例題 8　大中小 3 個のさいころを同時に投げるとき，目の積が偶数となる場合は何通りあるか。

TR (標準) **8**　3 桁の自然数のうち，各位の数の積が偶数になる数はいくつあるか。

3 順　列

基本 例題 9

➡ 白チャートⅠ+A p. 302 (白チャートA p.28) STEP forward

(1) ${}_{10}P_4$，${}_7P_1$ の値をそれぞれ求めよ。

(2) 8人の高校生の中から3人を選んで1列に並べる方法は何通りあるか。

(3) chart という単語の5個の文字全部を1列に並べる方法は何通りあるか。

(4) 4人の生徒の中から，議長と副議長を1人ずつ選ぶとき，選び方は何通りあるか。ただし，兼任は認めないものとする。

TR (基本) **9**　(1)　${}_{12}\mathrm{P}_3$，${}_7\mathrm{P}_7$ の値をそれぞれ求めよ。

(2)　9 人の中学生の中から 4 人を選んで 1 列に並べる方法は何通りあるか。

(3)　赤，青，白，緑 の 4 本の旗を 1 列に並べる方法は何通りあるか。

(4)　7 人の部員の中から，部長，副部長，会計を 1 人ずつ選ぶ方法は何通りあるか。ただし，兼任は認めないものとする。

標 準 例題 10 男 2 人，女 3 人の 5 人が 1 列に並ぶとき，次のような並び方は何通りあるか。

(1) 両端が女である。

(2) 男 2 人が隣り合う。

(3) 男が隣り合わない。

TR (標準) **10**　大人 4 人，子ども 3 人の 7 人が 1 列に並ぶとき，次のような並び方は何通りあるか。

(1)　両端が大人である。

(2)　子ども 3 人が続いて並ぶ。

(3)　子どもが隣り合わない。

基本 例題 11　5 個の数字 1，2，3，4，5 から異なる 3 個の数字を取って 3 桁の整数を作るとき，次のような数はいくつできるか。

(1)　300 未満の数

(2)　偶数

(3)　5 の倍数

TR (基本) **11**　5 個の数字 1, 2, 3, 4, 5 から異なる 3 個の数字を取って 3 桁の整数を作るとき，次のような数はいくつできるか。

(1)　300 以上の数

(2)　奇数

標 準 例題 12 5 個の数字 0, 1, 2, 3, 4 から異なる 3 個の数字を取って 3 桁の整数を作るとき，次のような数はいくつできるか。

(1) 整数

(2) 偶数

TR (標準) **12**　0, 1, 2, 3, 4, 5 の 6 個の数字から異なる 4 個の数字を取って作られる 4 桁の整数のうち，次のような数は何個あるか。

(1)　整数

(2)　偶数

基本 例題 13 (1) 異なる 5 個の玉を，円形に並べる方法は何通りあるか。

(2) 異なる 5 個の玉をつないで腕輪を作ると，腕輪は何通りできるか。

TR (基本) 13 (1) 7 人が円卓に着席する方法は何通りあるか。

(2) 異なる 6 個の玉を用いて作る首飾りは何通りあるか。

標 準 例題 14 大人 A，B，C と子ども D，E，F の 6 人が等間隔に輪の形に並ぶとき，次のような並び方の総数をそれぞれ求めよ。

(1) 大人と子どもが交互に並ぶ並び方

(2) A，B が向かい合う並び方

(3) A，B が隣り合う並び方

TR (標準) **14**　先生が男女１人ずつと生徒が男女３人ずつ，合計８人が円卓に等間隔に座るとき，次のような並び方の総数をそれぞれ求めよ。

(1)　男女が交互に並ぶ並び方

(2)　先生が向かい合う並び方

(3)　先生が隣り合う並び方

基 本 例題 15 □ 解説動画

(1) 1，2，3，4，5 の 5 種類の数字を用いて 2 桁の整数はいくつ作ることができるか。ただし，同じ数字を繰り返し用いてもよい。

(2) 5 題の問題に○か×かで答えるとき，○，×のつけ方は何通りあるか。

TR (基本) **15** (1) 2，4，6 の 3 種類の数字を繰り返し用いてよいとすると，5 桁の整数はいくつ作ることができるか。

(2) 6 題の問題に ○，△，× のいずれかで答える方法は何通りあるか。

4 組合せ

基本 例題 16

白チャートⅠ+A p. 313 (白チャートA p.39) STEP forward

(1) ${}_6C_3$, ${}_7C_5$ の値をそれぞれ求めよ。

(2) 男子 4 人，女子 5 人の中から 5 人の委員を選ぶ。

(ア) 選び方は何通りあるか。

(イ) 特定の男子 1 人を含む選び方は何通りあるか。

(ウ) 男子の委員を 2 人，女子の委員を 3 人選ぶ選び方は何通りあるか。

TR(基本)**16** (1) ${}_5C_1$，${}_8C_3$，${}_9C_7$ の値をそれぞれ求めよ。

(2) 男子 6 人，女子 4 人の中から 4 人を選ぶ。

(ア) 選び方は何通りあるか。

(イ) 特定の女子 2 人を含む選び方は何通りあるか。

(ウ) 男女 2 人ずつ選ぶ選び方は何通りあるか。

基本 例題 17 (1) 正五角形の 3 個の頂点を結んでできる三角形は何個あるか。また，そのうち正五角形と 2 辺を共有する三角形は何個あるか。

(2) 正五角形の 2 個の頂点を結んでできる線分は何本あるか。

TR (基本) **17** 正七角形がある。このとき，次の図形の個数をそれぞれ求めよ。

(1) 正七角形の 2 個の頂点を結んでできる線分。

(2) 正七角形の 3 個の頂点を結んでできる三角形。

(3) (2) で，三角形の 1 辺だけを正七角形の辺と共有するもの。

標 準 例題 18 色の異なる 6 枚の色紙を次のように分けるとき，分け方は何通りあるか。

(1) 3 枚，2 枚，1 枚の 3 組に分ける。

(2) A, B, C の 3 組に 2 枚ずつ分ける。

(3) 2 枚ずつ 3 組に分ける。

TR (標準) **18**　12 人を次のように分けるとき，分け方は何通りあるか。

(1)　5 人，4 人，3 人の 3 組に分ける。

(2)　A，B，C の 3 組に 4 人ずつ分ける。

(3)　4 人ずつ 3 組に分ける。

基本 例題 19

□ 解説動画

次の 6 個の数字をすべて使って 6 桁の整数を作るとき，整数は何個できるか。

(1) 2, 2, 3, 3, 3, 3

(2) 4, 4, 5, 5, 6, 6

TR (基本) **19** TANABATA の 8 文字をすべて使って文字列を作るとき，文字列は何個作れるか。

標 準 例題 20　10 個の文字，N，A，G，A，R，A，G，A，W，A を左から右へ横 1 列に並べる。

(1)「NAGARA」という連続した 6 文字が現れるような並べ方は全部で何通りあるか。

(2) N，R，W の 3 文字が，この順に現れるような並べ方は全部で何通りあるか。ただし，N，R，W が連続しない場合も含める。

TR (標準) **20** addition という単語の 8 文字を横 1 列に並べるとき，次のような並べ方は何通りあるか。

(1) すべての並べ方

(2) 「not」という連続した 3 文字が現れるような並べ方

(3) n の方が o より左に現れる並べ方

標 準 例題 21　右の図のように，道路が碁盤の目のようになった街がある。このとき，次のような最短の道順は何通りあるか。

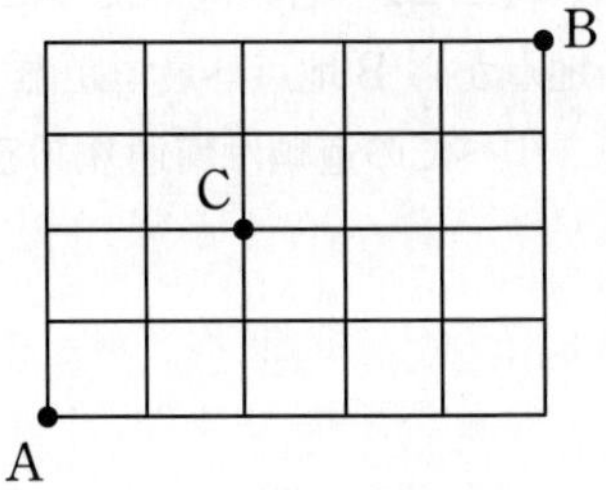

(1)　A から B まで行く

(2)　A から C を通って B へ行く

(3)　A から C を通らずに B まで行く

TR (標準) **21**　右の図のように道路が碁盤の目のようになった町で，A 地点から B 地点へ最短距離で行く。

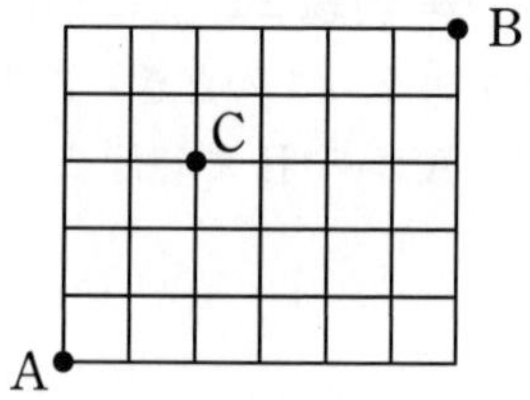

(1)　すべての道順は何通りあるか。

(2)　(1) のうちで，C 地点を通る道順は何通りあるか。

(3)　(1) のうちで，C 地点を通らない道順は何通りあるか。

5 事象と確率

基本 例題 29 (1) 大小 2 個のさいころを同時に投げるとき，目の和が 4 になる確率を求めよ。

(2) A，B，C の 3 人がじゃんけんを 1 回行う。A と B の 2 人が勝つ確率を求めよ。

TR (基本) 29 (1) 大小 2 個のさいころを同時に投げるとき，出る目の積が 10 の倍数となる確率を求めよ。

(2)　3 人でじゃんけんを 1 回するとき，あいことなる確率を求めよ。

基本 例題 30

男子 2 人と女子 5 人が，くじ引きで順番を決めて 1 列に並ぶとき，次の確率を求めよ。

(1)　男子の A さんが左端に並ぶ。

(2)　男子 2 人が隣り合う。

TR (基本) **30**　DREAM の 5 文字を任意に 1 列に並べるとき，次の場合の確率を求めよ。

(1)　右端が E である。

(2)　A と D が隣り合う。

基本 例題 31　赤玉 4 個と白玉 3 個が入っている袋の中から，同時に 2 個の玉を取り出すとき，次の確率を求めよ。

(1)　2 個とも赤玉が出る確率

(2)　異なる色の玉が出る確率

TR (基本) **31**　袋の中に白玉 3 個，黒玉 6 個が入っている。この袋の中から同時に 4 個の玉を取り出すとき，次の場合が起こる確率を求めよ。

(1)　白玉が 1 個，黒玉が 3 個出る。

(2)　4 個とも同じ色の玉が出る。

6 確率の基本性質

基本 例題 32　袋の中に赤玉 6 個，白玉 4 個が入っている。この中から同時に 3 個を取り出すとき，赤玉，白玉がともに取り出される確率を求めよ。

TR (基本) 32　1 から 9 までの番号を書いた札が 1 枚ずつ合計 9 枚ある。この中から同時に 3 枚取り出すとき，3 枚の札の番号の和が奇数となる確率を求めよ。

基本 例題 33

□ 解説動画

2個のさいころを同時に投げるとき，次の確率を求めよ。

(1)　同じ目が出ない確率

(2)　偶数の目が少なくとも1つ出る確率

TR (基本) **33**　3個のさいころを同時に投げるとき，次の確率を求めよ。

(1)　奇数の目が少なくとも1つ出る確率

(2)　3つの目の和が4にはならない確率

標 準 例題 34 (1) 5枚のカードa, b, c, d, eを横1列に並べるとき，bがaの隣にならない確率を求めよ。

(2) 赤球4個と白球6個が入っている袋から同時に4個の球を取り出すとき，取り出した4個のうち少なくとも2個が赤球である確率を求めよ。

TR (標準) **34** (1) A，B，C，D，E，F の 6 人が輪の形に並ぶとき，A と B が隣り合わない確率を求めよ。

(2) 赤玉 5 個，白玉 4 個が入っている袋から，4 個の玉を同時に取り出すとき，取り出した玉の色が 2 種類である確率を求めよ。

基本 例題 35 1から100までの番号をつけた100枚の札の中から1枚を引くとき，その番号が3の倍数または4の倍数である確率を求めよ。

TR (基本) **35** 1から6までの番号をつけた赤玉6個と，1から5までの番号をつけた青玉5個を入れた袋がある。この袋の中から玉を1個取り出すとき，その玉の番号が奇数または青玉である確率を求めよ。

7 独立な試行と確率

基本 例題 36 (1) 1個のさいころと1枚の硬貨を同時に投げるとき，さいころは4以下の目が出て，硬貨は表が出る確率を求めよ。

(2) Aの袋には白玉6個，黒玉4個，また，Bの袋には白玉8個，黒玉2個が入っている。Aの袋から3個，Bの袋から2個の玉を同時に取り出すとき，全部白玉である確率を求めよ。

TR (基本) **36**　(1)　1 個のさいころと 1 枚の硬貨を同時に投げるとき，さいころは奇数の目が出て，硬貨は裏が出る確率を求めよ。

(2)　赤玉 4 個，白玉 2 個が入っている袋から，1 個取り出し色を見てもとに戻し，更に 1 個取り出して色を見る。次の確率を求めよ。

(ア)　白玉，赤玉の順に取り出される確率

(イ)　取り出した 2 個がともに赤玉となる確率

基本 例題 37 Aには4，6，6の数字が書かれたカードを，Bには1，3，5，7，7の数字が書かれたカードを，それぞれ1枚ずつ配る。A，Bが自分に配られたカードの中から無作為に1枚取り出すとき，取り出したカードに書かれている数字をそれぞれ a，b とする。a が b より小さい確率を求めよ。

TR (基本) 37 Aの袋には白玉2個，赤玉3個，Bの袋には白玉5個，赤玉3個が入っている。A，Bの袋から1個ずつ玉を取り出すとき，玉の色が異なる確率を求めよ。

基本 例題 38　A，B の 2 人が問題を解く。A が解ける確率が $\frac{4}{7}$，B が解ける確率が $\frac{3}{5}$ であるとき，次の確率を求めよ。

(1)　2 人とも解ける確率

(2)　1 人だけ解ける確率

TR (基本) 38　A，B の 2 人が検定試験を受けるとき，合格する確率はそれぞれ $\frac{2}{5}$，$\frac{3}{4}$ である。このとき，次の確率を求めよ。

(1)　2 人とも合格しない確率

(2)　1人だけが合格する確率

基本 例題 39　(1)　1個のさいころを5回投げるとき，1の目が3回だけ出る確率を求めよ。

(2)　正しいものには○印を，正しくないものには×印をつける，○×形式の問題が8題ある。この問題において，○印と×印をでたらめにつけるとき，2題だけ正解する確率を求めよ。

TR (基本) **39** (1) 1枚の硬貨を5回投げて，表がちょうど3回出る確率を求めよ。

(2) 10本のうち，当たりが2本入っているくじがある。くじを1本ずつ引いてはもとに戻すことにして4回引いたとき，当たりとはずれが同数になる確率を求めよ。

基本 例題 40

白玉3個と赤玉6個の入った袋から玉を1個取り出し，色を見てから袋に戻す。この試行を4回続けて行うとき，白玉が3回以上出る確率を求めよ。

TR (基本) 40　1 枚の硬貨を 6 回投げたとき，次の確率を求めよ。

(1)　4 回以上表が出る確率

(2)　表が少なくとも 1 回出る確率

標 準 例題 41　あるゲームで A が B に勝つ確率は $\dfrac{2}{3}$ であり，引き分けはないものとする。A，B がゲームをし，先に 4 勝した方を優勝者とする。

(1)　5 ゲーム目で A が優勝者となる確率を求めよ。

(2) 7 ゲーム目で優勝者が決まる確率を求めよ。

TR (標準) **41** 黒玉 2 個，白玉 4 個が中の見えない袋に入っている。玉を 1 個だけ取り出し，色を確かめて袋に戻す。この作業を黒玉が 3 回出るまで繰り返す。4 回目でこの作業が終わる確率を求めよ。

8 条件付き確率

基本 例題 42

➡ 白チャートⅠ+A p. 357 (白チャートA p.83) STEP forward

2 個のさいころ X，Y を同時に 1 回投げるとき，次の確率を求めよ。

(1) さいころ X の出た目が 5 以上のとき，2 個のさいころの出た目の和が 8 になる確率

(2) 2 個のさいころの出た目の和が 8 のとき，さいころ X の出た目が 5 以上である確率

TR (基本) **42**　袋の中に 1 から 5 までの番号が 1 つずつ書かれた 5 枚の札が入っている。この中から 1 枚を取り出し，番号を確認してもとに戻すという試行を 2 回繰り返すとき，次の確率を求めよ。

(1)　1 回目に取り出した札に書かれた番号が偶数だったとき，取り出した札に書かれた番号の和が 6 である確率

(2)　取り出した札に書かれた番号の和が 6 であるとき，1 回目に取り出した札に書かれた番号が偶数である確率

基本 例題 43

□ 解説動画

当たりくじ 4 本を含む 12 本のくじを，A，B の 2 人がこの順に 1 本ずつ引く。ただし，引いたくじはもとに戻さない。このとき，次の確率を求めよ。

(1)　A，B の 2 人が当たる確率

(2)　Bが当たる確率

TR（基本）**43**　ジョーカーを含まない1組52枚のトランプから，A，Bの2人がこの順に1枚ずつカードを取り出す。取り出したカードはもとに戻さないとき，次の確率を求めよ。

(1)　A，Bの2人がハートのカードを取り出す確率

(2)　Bがハートのカードを取り出す確率

標 準 例題 44 袋の中に赤玉 3 個，白玉 7 個が入っている。A，B，C の 3 人がこの順に 1 個ずつ玉を取り出す。次の場合に，C だけが赤玉を取り出す確率を求めよ。

(1) 取り出した玉をもとに戻す

(2) 取り出した玉をもとに戻さない

TR (標準) **44** 12 本のくじの中に当たりくじが 2 本ある。A，B，C の 3 人がこの順に 1 本ずつくじを引く。次の場合に，A と C だけが当たる確率を求めよ。

(1) 引いたくじを戻す

(2) 引いたくじを戻さない

9 期 待 値

基本 例題 45 (1) さいころを1個投げ，出た目を得点とする。得点の期待値を求めよ。

(2) 2枚の10円硬貨を同時に1回投げ，表が出た硬貨をもらうとき，もらえる金額の期待値を求めよ。

TR (基本) **45** (1) 大小 2 個のさいころを投げ，出た目が同じときは 2 個のさいころの目の和を得点とし，異なるときは 0 点とする。このとき，得点の期待値を求めよ。

(2) 6 枚の硬貨を同時に投げるとき，表の出る枚数の期待値を求めよ。

基本 例題 46

□ 解説動画

1 から 6 までの番号札がそれぞれ番号の数だけ用意されている。この中から 1 枚を取り出すとき，次のどちらの場合の方が得か。

① 出た番号と同じ枚数の 100 円硬貨をもらう

② 偶数の番号が出たときだけ一律に 700 円をもらう

TR (基本) **46**　A，B の 2 人が球の入った袋を持っている。A の袋には 1，3，5，7，9 の数字が 1 つずつ書かれた 5 個の球が入っており，B の袋には 2，4，6，8 の数字が 1 つずつ書かれた 4 個の球が入っている。

A と B が各自の袋から球を 1 個取り出し，書かれた数が大きい方の人を勝ちとする。また，勝ったときには自分が出した数を得点とし，負けたときには得点は 0 とする。このとき，A，B のどちらの方が有利か。

10 三角形の辺の比，外心・内心・重心

基本 例題 52 AB=10，BC=5，CA=6 である △ABC において，∠A およびその外角の二等分線が辺 BC またはその延長と交わる点を，それぞれ D，E とする。このとき，線分 DE の長さを求めよ。

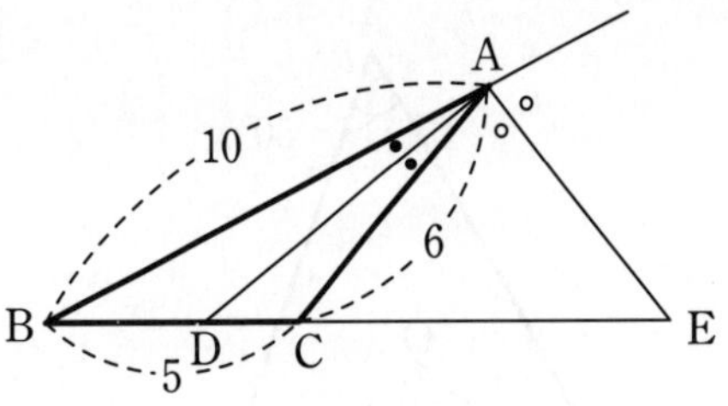

TR (基本) 52 AB=4，BC=5，CA=6 である △ABC において，∠A およびその外角の二等分線が直線 BC と交わる点を，それぞれ D，E とする。線分 DE の長さを求めよ。

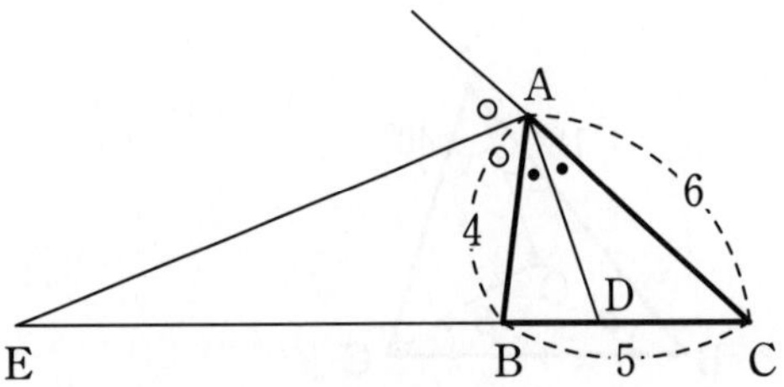

基本 例題 53　次の図で，点 O は △ABC の外心である。α，β を求めよ。

(1)

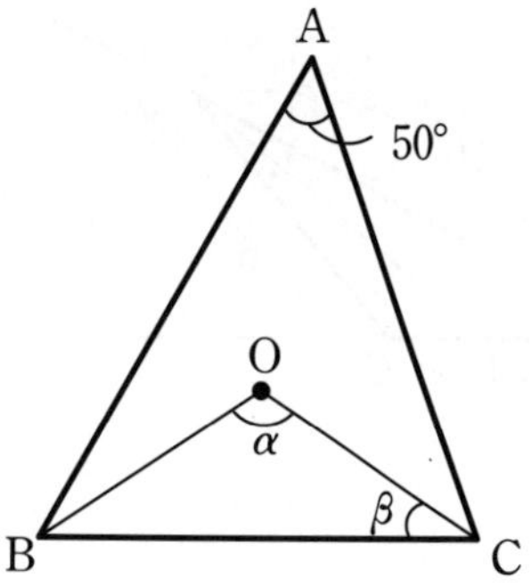

(2)

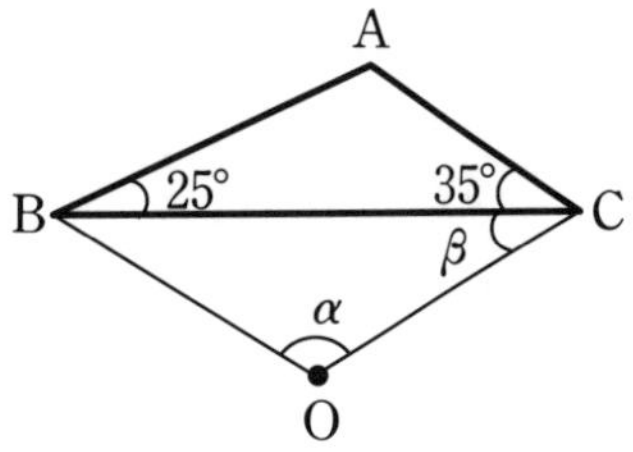

TR (基本) **53**　次の図で，点 O は △ABC の外心である。α，β を求めよ。

(1)

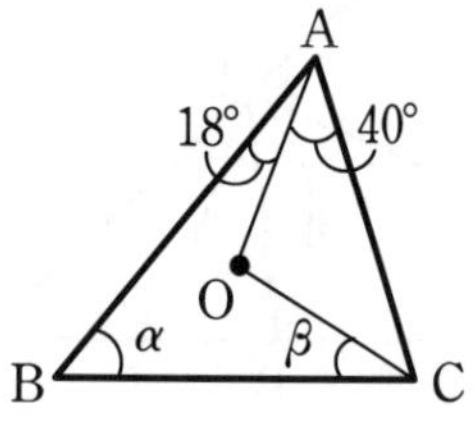

(2)

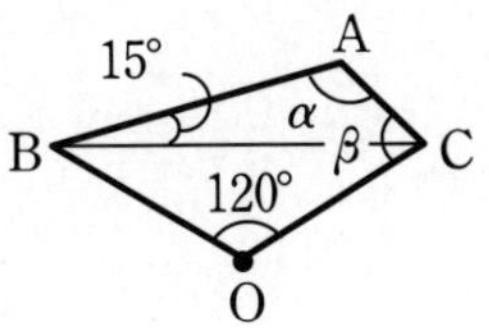

基本 例題 54　次の図で，点 I は △ABC の内心である。次のものを求めよ。

(1)　α

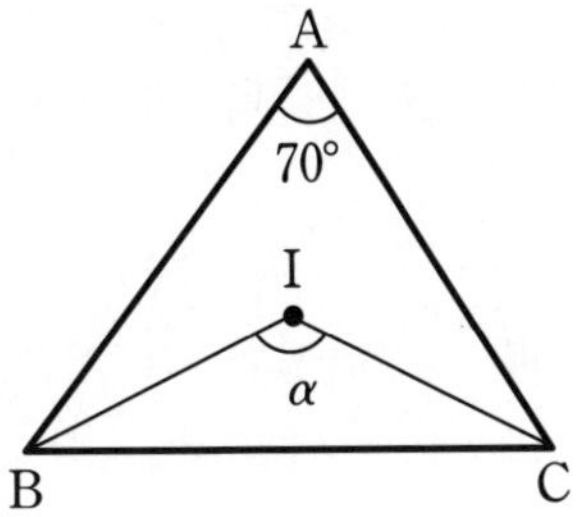

(2)　AI:ID

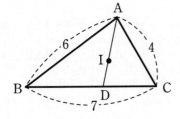

TR (基本) **54**　次の図で，点Ｉは△ABCの内心である。次のものを求めよ。

(1)　α

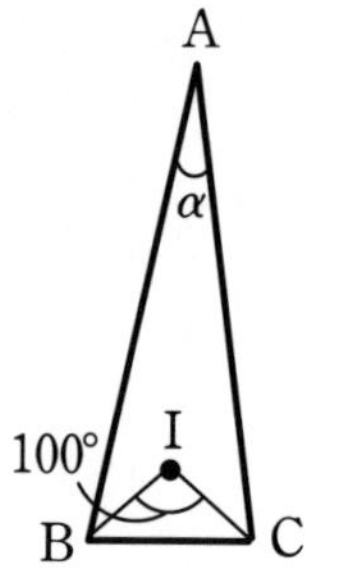

(2)　CI : ID

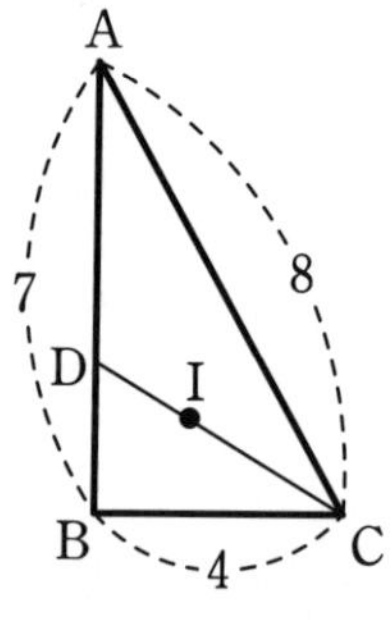

基本 例題 55

□ 解説動画

$\triangle$ABC の重心を G，直線 AG，BG と辺 BC，AC の交点をそれぞれ D，E とする。また，点 E を通り BC に平行な直線と直線 AD の交点を F とする。

(1)　AD $= a$ とおくとき，線分 AG，FG の長さを a を用いて表せ。

(2)　面積比 $\triangle$GBD : $\triangle$ABC を求めよ。

TR (基本) **55**　右の図の $\triangle$ABC で，点 D，E はそれぞれ辺 BC，AC の中点である。また，AD と BE の交点を F，線分 AF の中点を G，CG と BE の交点を H とする。

(1)　BE$=6$ のとき，線分 FE，FH の長さを求めよ。

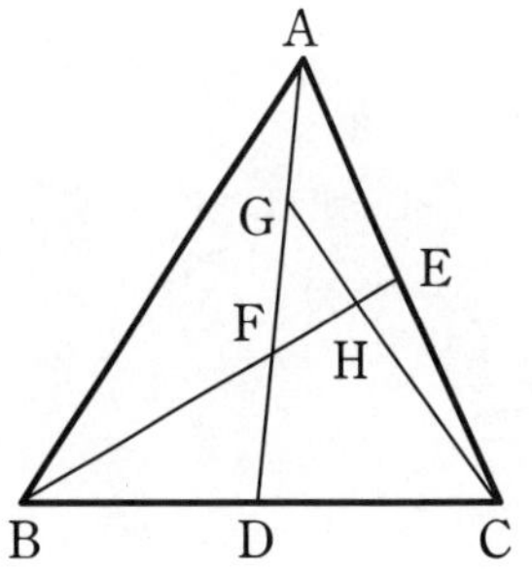

(2)　面積比 △EHC : △ABC を求めよ。

標 準 例題 56　次の条件を満たす △ABC は正三角形であることを示せ。

(1)　重心と外心が一致する。

(2)　外心と内心が一致する。

TR (標準) 56　$\triangle$ABC の内心と重心が一致するとき，$\triangle$ABC は正三角形であることを示せ。

標 準 例題 57　$AB=\sqrt{7}$，$BC=a$，$CA=\sqrt{5}$ である $\triangle$ABC において，辺 BC，AC の中点をそれぞれ M，N とする。

(1)　$AM=2$ のとき，a の値を求めよ。

(2)　a が (1) の値のとき，線分 BN の長さを求めよ。

TR (標準) **57**　AB=6，BC=a，CA=4 である △ABC において，辺 BC，CA の中点をそれぞれ M，N とする。

(1)　AM=$\sqrt{10}$ のとき，a の値を求めよ。

(2)　a が (1) の値のとき，線分 BN の長さを求めよ。

11 チェバの定理，メネラウスの定理

基本 例題 58 △ABC の辺 AB を 3 : 4 に内分する点を D，辺 AC を 5 : 6 に内分する点を E とし，BE と CD の交点と点 A を結ぶ直線が BC と交わる点を F とするとき，比 BF : FC を求めよ。

TR (基本) 58 △ABC の辺 AB を 3 : 2 に内分する点を D，辺 AC を 4 : 3 に内分する点を E とし，BE と CD の交点と A を結ぶ直線が BC と交わる点を F とするとき，比 BF : FC を求めよ。

基本 例題 59 ➡ 白チャート I+A *p*. 386 (白チャート A *p*.112) STEP forward

△ABC の辺 AB を 1 : 2 に内分する点を D，線分 BC を 4 : 3 に内分する点を E，AE と CD の交点を F とするとき，次の比を求めよ。

(1) AF : FE

(2)　DF : FC

TR (基本) **59**　△ABC の辺 AB の中点を D，線分 CD の中点を E，AE と BC との交点を F とする。このとき，次の比を求めよ。

(1)　BF : FC

(2)　AE : EF

12 三角形の辺と角

基本 例題 60

□ 解説動画

3辺の長さが次のような△ABCが存在するかどうかを調べよ。

(1)　AB=3，BC=6，CA=2

(2)　AB=8，BC=10，CA=17

(3)　AB=11，BC=6，CA=5

TR (基本) **60**　次の長さの線分を3辺とする三角形が存在するかどうかを調べよ。

(1)　3，4，6

(2)　6，8，15

基本 例題 61 (1) $AB=2$, $BC=4$, $CA=3$ である $\triangle ABC$ の 3 つの角の大小を調べよ。

(2) $\angle A=50^\circ$, $\angle B=60^\circ$ である $\triangle ABC$ の 3 つの辺の長さの大小を調べよ。

TR (基本) **61** (1) $\angle A=90^\circ$, $AB=2$, $BC=3$ である $\triangle ABC$ の 3 つの角の大小を調べよ。

(2) $\angle A=70^\circ$, $\angle B=\angle C$ である $\triangle ABC$ の 3 つの辺の長さの大小を調べよ。

13 円に内接する四角形

基本 例題 62 次の図において，x を求めよ。ただし，(3) の点 O は円の中心である。

(1)

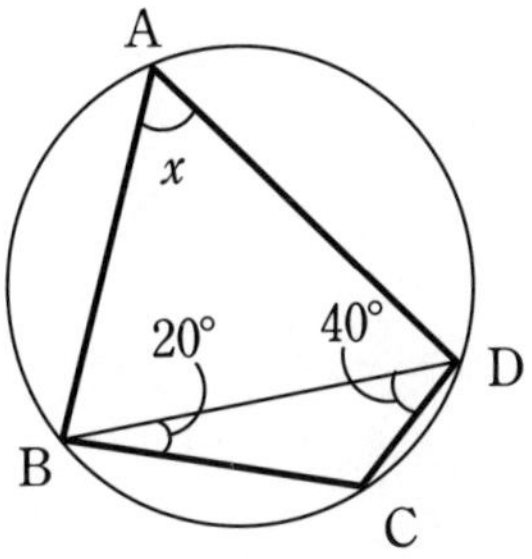

(2)

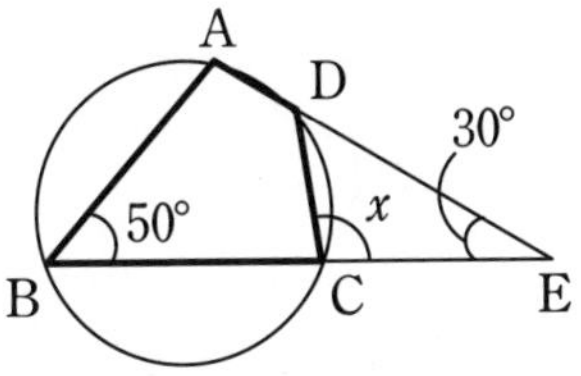

(3)

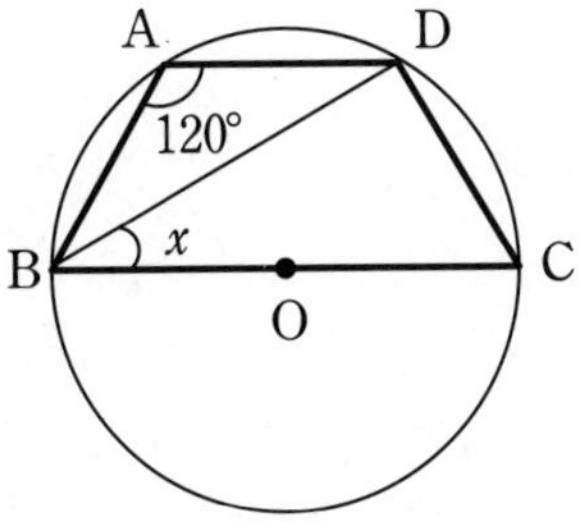

TR (基本) **62**　次の図において，α を求めよ。ただし，(1) では BC=DC，(3) の点 O は円の中心である。

(1)

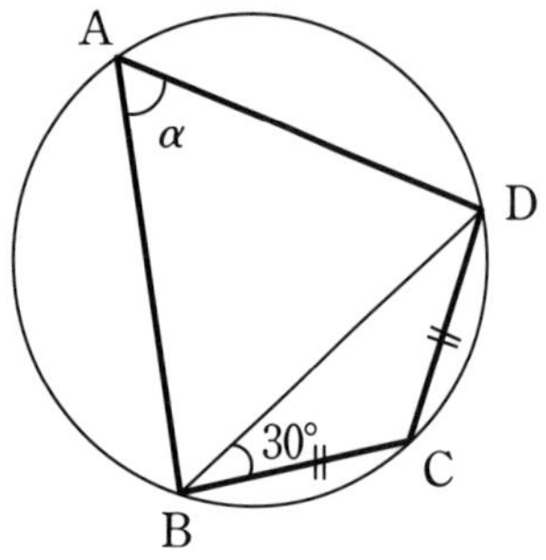

(2)

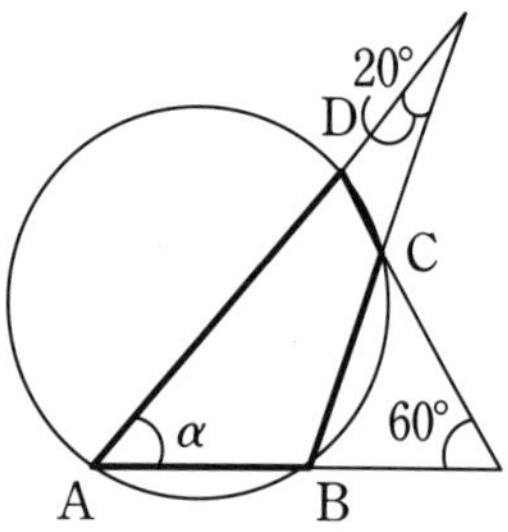

(3)

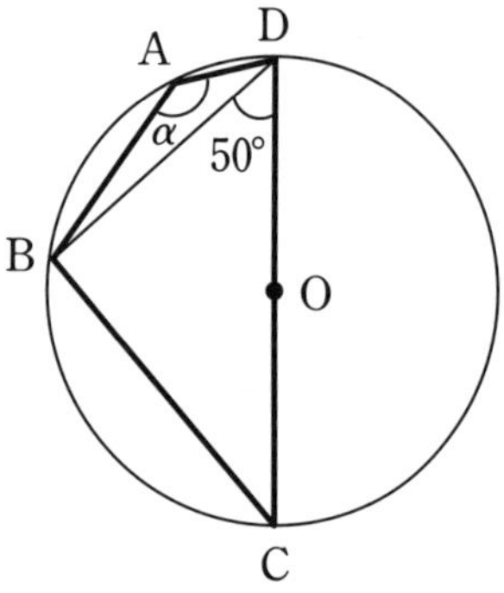

基本 例題 63　AD＞AB である平行四辺形 ABCD を対角線 AC で折り，点 B の移った点を E とする。このとき，4 点 A，C，D，E は 1 つの円周上にあることを証明せよ。

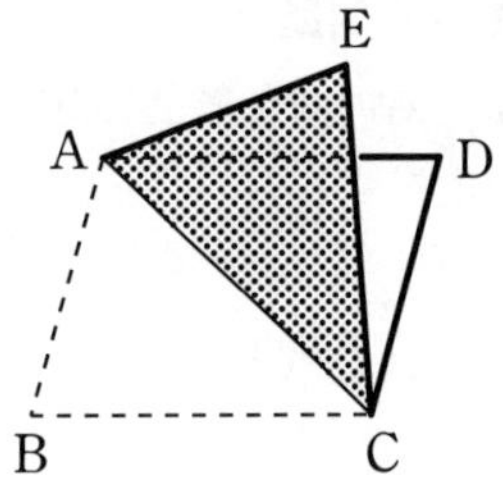

TR (基本) 63　∠B＝90° である △ABC の辺 BC 上に B，C と異なるように点 D をとる。次に，∠ADE＝90°，∠DAE＝∠BAC を満たす点 E を右の図のようにとる。このとき，4 点 A，C，D，E は 1 つの円周上にあることを証明せよ。

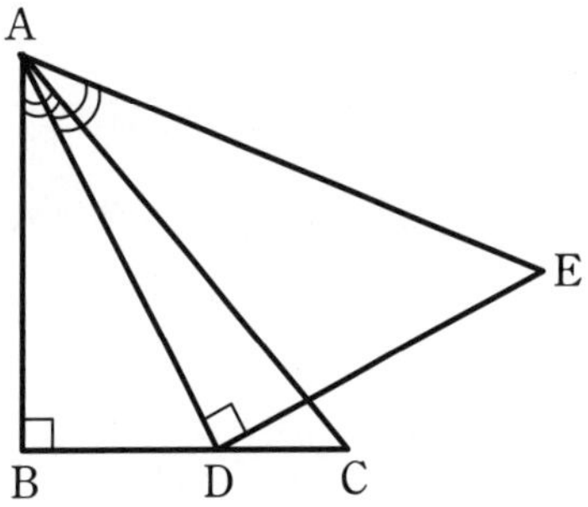

基本 例題 64

(1) 右の四角形 ABCD のうち円に内接するものはどれか。

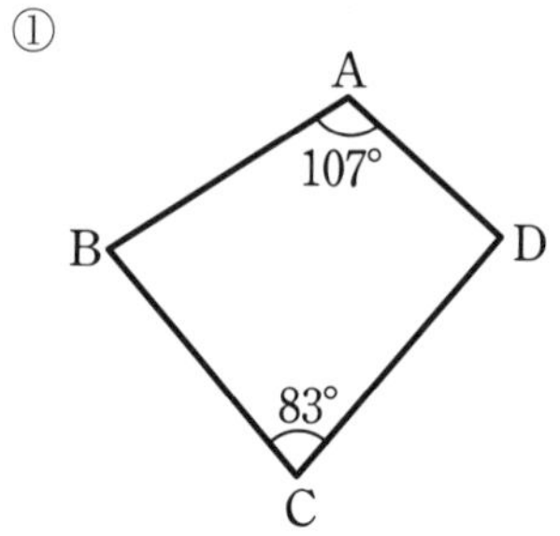

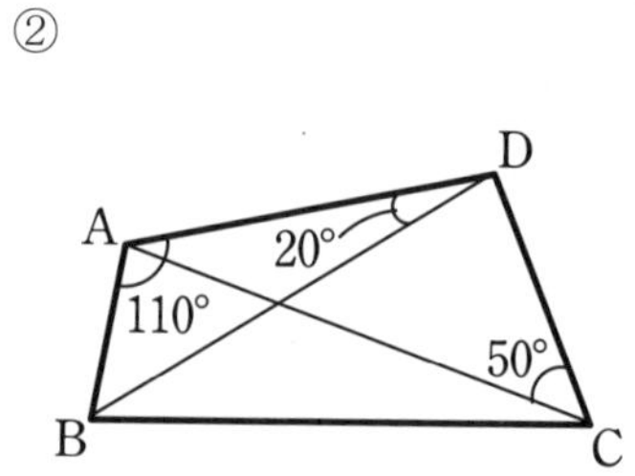

(2) 円に内接する四角形 ABCD があり，辺 AD と平行な直線が辺 AB，DC とそれぞれ点 E，F で交わる。このとき，四角形 BCFE は円に内接することを証明せよ。

TR(基本)**64** (1) 右の四角形 ABCD のうち円に内接するものはどれか。

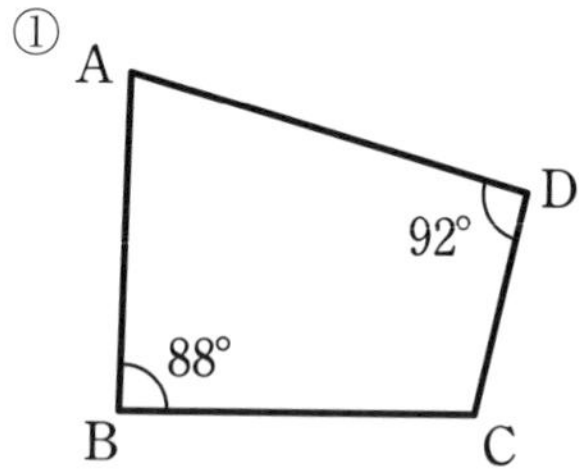

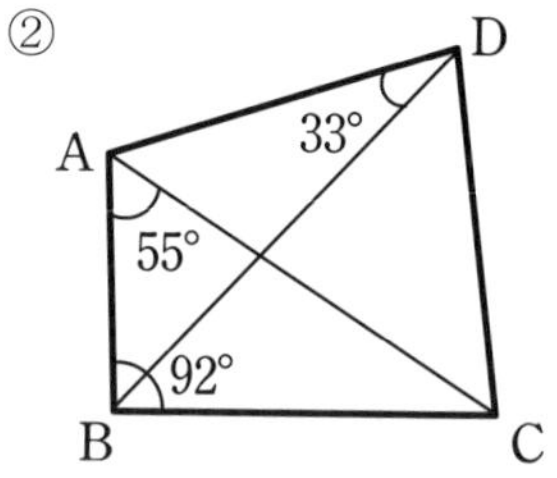

(2) 鋭角三角形 ABC の辺 BC 上に点 D (点 B，C とは異なる) をとり，点 D から辺 AB，AC にそれぞれ垂線 DE，DF を引く。このとき，四角形 AEDF は円に内接することを証明せよ。

14 円と直線

基本 例題 65

□ 解説動画

$\triangle ABC$ の内接円と辺 BC, CA, AB の接点を，それぞれ P, Q, R とする。

(1) $AB=6$, $AC=7$, $AR=2$ のとき，線分 AQ, BC の長さを求めよ。

(2) $AB=9$, $BC=11$, $CA=8$ のとき，線分 CQ の長さを求めよ。

TR (基本) **65** $\triangle ABC$ の内接円が辺 BC, CA, AB と接する点を，それぞれ P, Q, R とする。

(1) $AB=10$, $BP=4$, $PC=3$ のとき，線分 AC の長さを求めよ。

(2) $AB=12$, $BC=5$, $CA=9$ のとき，線分 BP の長さを求めよ。

基本 例題 66 次の図において，α，β を求めよ。ただし，ℓ は円 O の接線であり，点 A は接点である。また，(3) では PQ$/\!/$CB である。

(1)

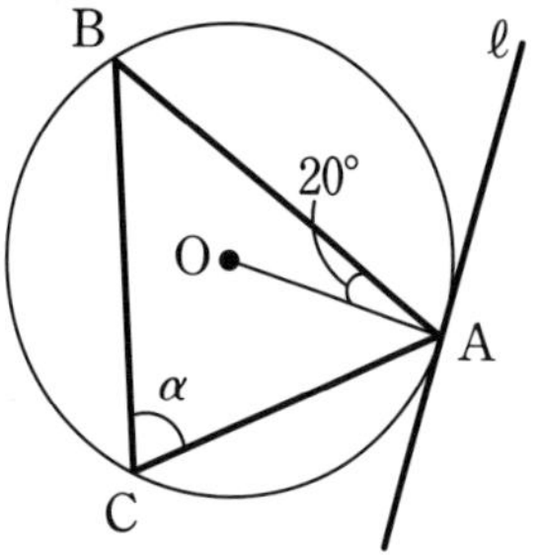

(2)

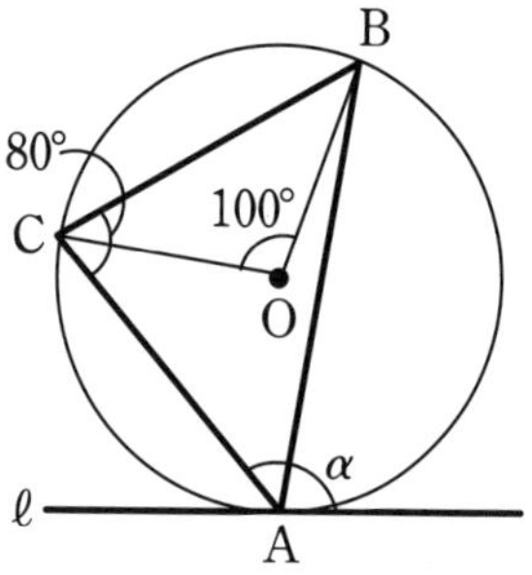

(3)

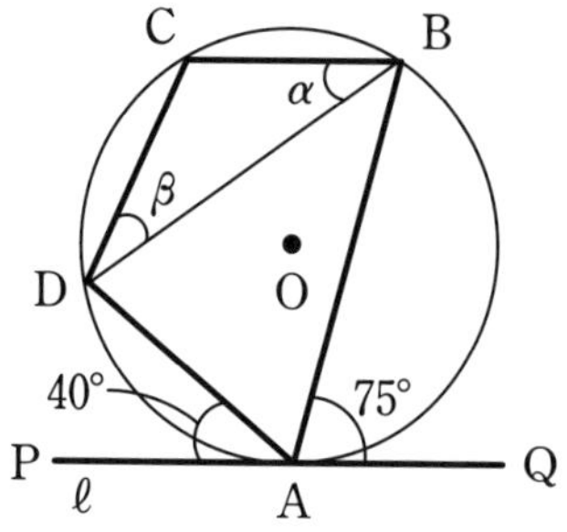

TR（基本）**66**　次の図において，x，y，z を求めよ。ただし，ℓ は円 O の接線であり，点 A は接点である。また，(2) では $\angle ABD = \angle CBD$ である。

(1)

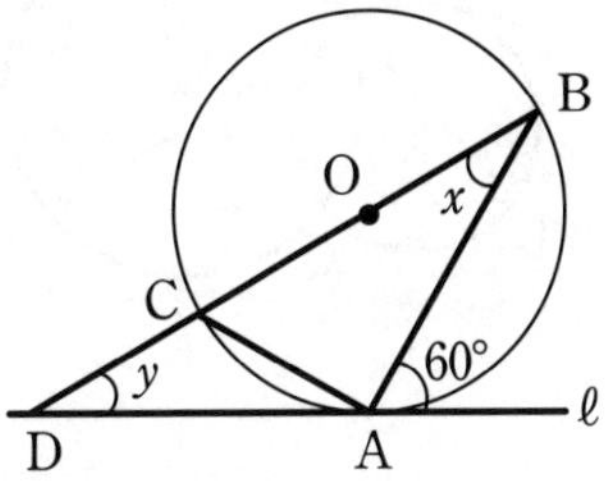

(2)

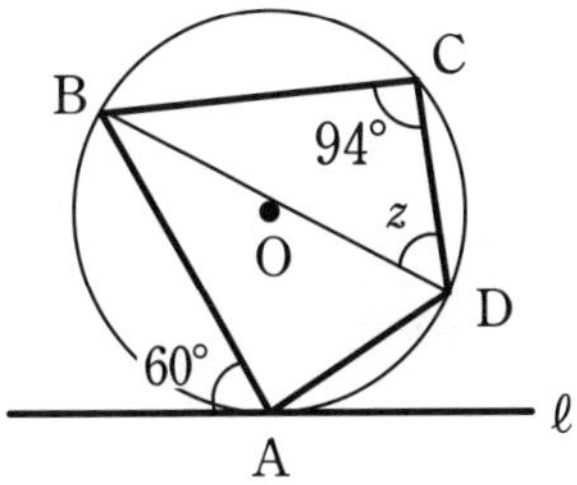

基本 例題 67　2 点 P，Q で交わる 2 つの円 O，O′ がある。点 P を通る直線が円 O，O′ と交わる点をそれぞれ A，B とし，2 点 A，Q を通る直線が円 O′ と交わる点を C とする。点 A における円 O の接線を AD とすると，AD∥BC であることを証明せよ。

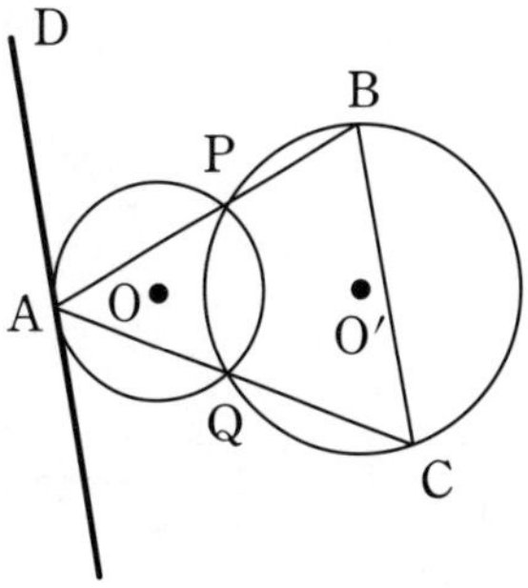

TR（基本）**67**　右の図のように，2 点 P，Q で交わる 2 つの円 O，O′ がある。点 P における円 O の接線と円 O′ の交点を A，直線 AQ と円 O の交点を B，直線 BP と円 O′ の交点を C とする。このとき AC＝AP であることを証明せよ。

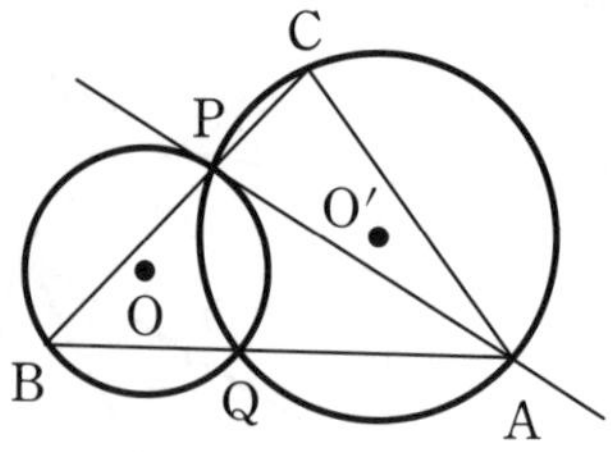

基本 例題 68

➡ 白チャートⅠ+A *p*. 404 (白チャート A *p*.130)　STEP forward

次の図において，x の値を求めよ。ただし，(3) の PT は円の接線で，T は接点である。

(1)

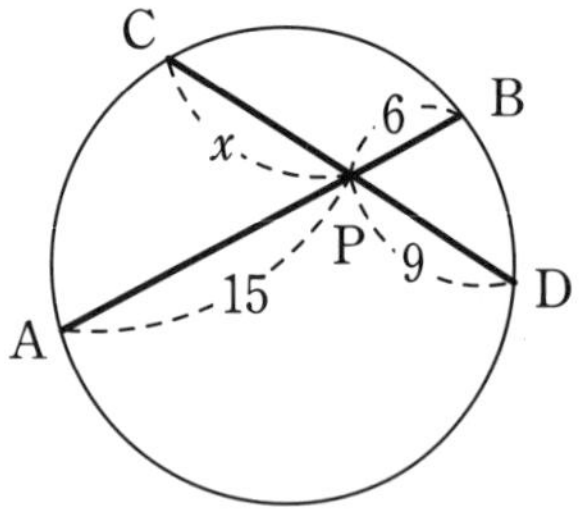

(2)

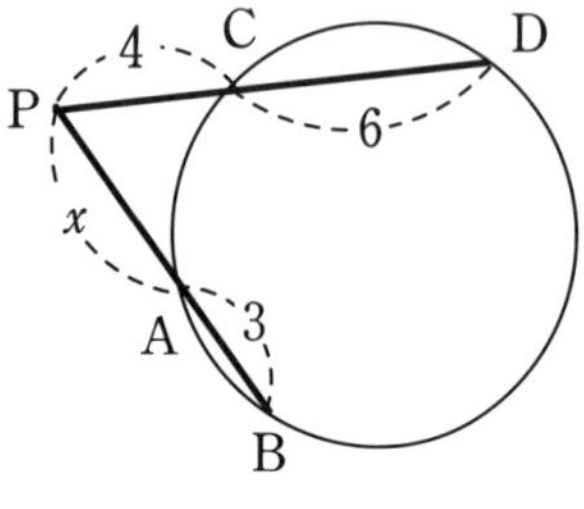

(3)

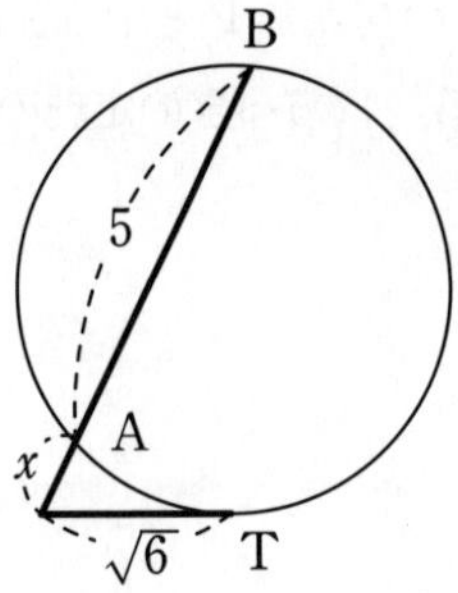

TR(基本)**68** 次の図において，x の値を求めよ。ただし，(2) の PT は円の接線である。

(1)

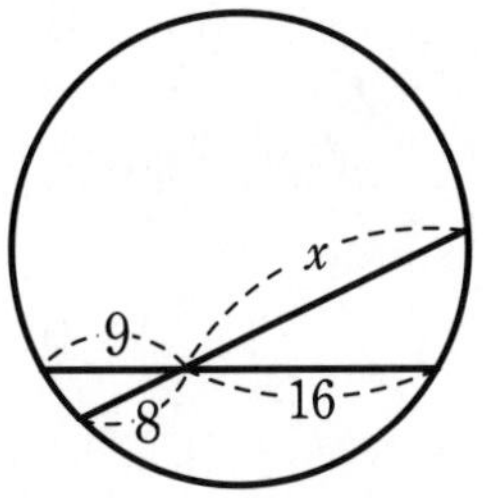

(2)

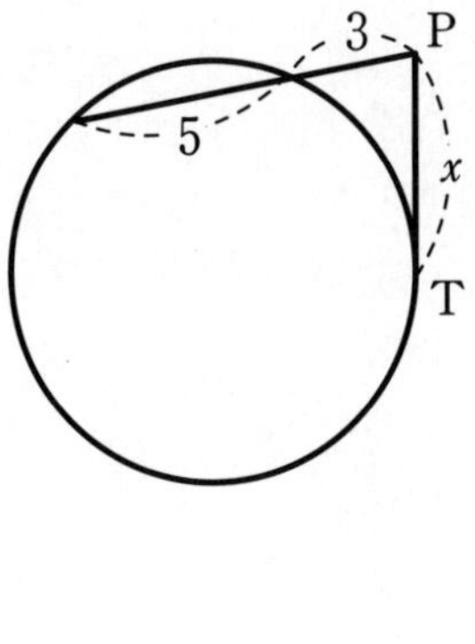

標 準 例題 69 「2 つの線分 AB と CD，または AB の延長と CD の延長の交点を P とするとき，PA・PB＝PC・PD が成り立てば，4 点 A，B，C，D は 1 つの円周上にある。」(方べきの定理の逆)を証明せよ。

TR (標準) 69 交わる 2 つの円 O，O′ において，共通な弦 AB 上の点 P を通る円 O の弦を CD，円 O′ の弦を EF とするとき，4 点 C，D，E，F は 1 つの円周上にあることを証明せよ。ただし，4 点 C，D，E，F は一直線上にないものとする。

15 2つの円の関係・共通接線

基本 例題 70

右の図において，2円O，O′は外接しており，A，Bはそれぞれ2円O，O′の共通接線と円O，O′との接点である。円O，O′の半径をそれぞれ6，4とするとき，線分ABの長さを求めよ。

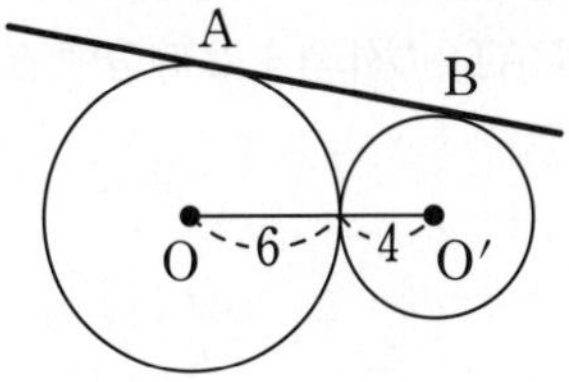

TR(基本)**70** 右の図において，ℓは2円O，O′の共通接線であり，A，Bはそれぞれ円O，O′との接点である。円O，O′の半径がそれぞれ5，3で，O，O′間の距離が10のとき，線分ABの長さを求めよ。

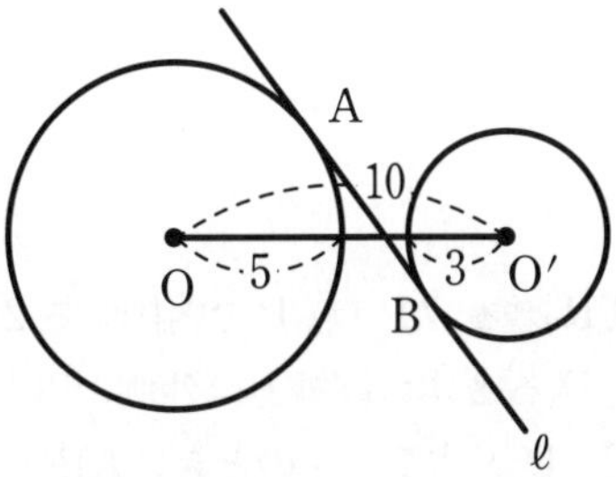

標 準 例題 71

➡ 白チャート I+A p. 411 (白チャート A p.137) ズームUP−review−

点 A で外接している 2 円 O，O′ がある。右の図のように円 O′ の周上の点 B における接線が円 O と 2 点 C，D で交わるとき，AB は ∠CAD の外角を 2 等分することを証明せよ。

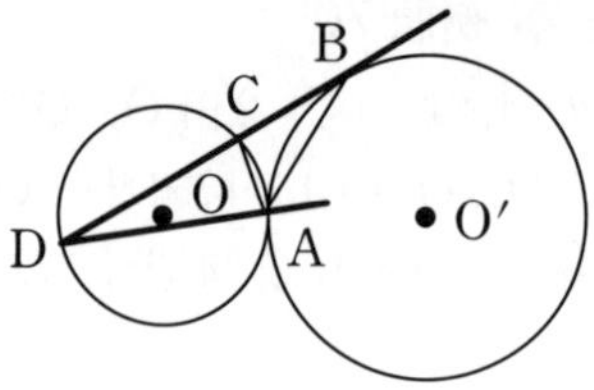

TR (標準) 71　点 P で内接する 2 つの円がある。右の図のように，点 P を通る 2 本の直線と，外側の円との交点を A，B，内側の円との交点を C，D とする。このとき，AB と CD は平行であることを証明せよ。

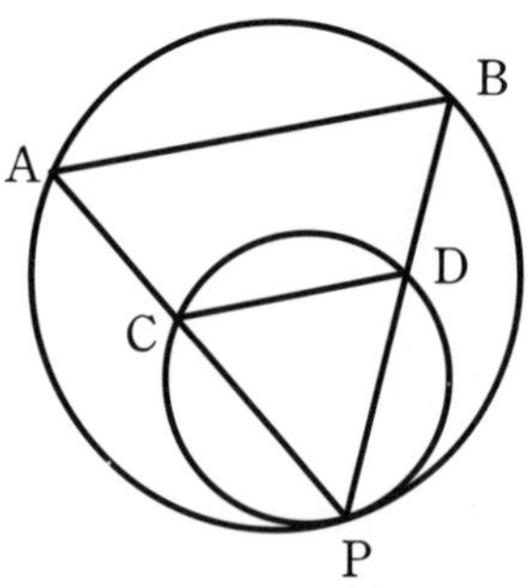

16 作 図

基本 例題 72 (1) 与えられた線分 AB を 1 : 4 に内分する点を作図せよ。

(2) 与えられた線分 AB を 5 : 1 に外分する点を作図せよ。

TR (基本) **72**　(1)　与えられた線分 AB を 3 : 2 に内分する点を作図せよ。

(2)　与えられた線分 AB を 2 : 5 に外分する点を作図せよ。

基本 例題 73　長さが 1 の線分 AB と長さが a, b の線分が与えられたとき

(1)　長さが $\dfrac{a}{b}$ の線分を作図せよ。

(2)　長さが $2ab$ の線分を作図せよ。

TR (基本) **73**　長さが 1 の線分 AB と長さが a, b の線分が与えられたとき，長さが $\frac{b}{3a}$ の線分を作図せよ。

標準 例題 74　長さ a, b の 2 つの線分が与えられたとき，長さ $\sqrt{ab}$ の線分を作図せよ。

TR (標準) **74**　長さ 1 の線分が与えられたとき，長さ $\sqrt{6}$ の線分を作図せよ。

17 空間における直線と平面

基本 例題 75　右の図の三角柱 ABC−DEF において，AB=AD，∠BAC=30°，∠ABC=90° である。

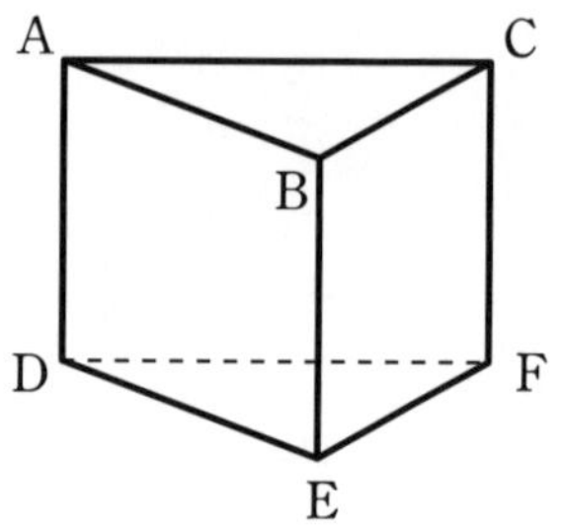

(1)　辺 BC と垂直な辺をすべてあげよ。

(2)　辺 BC とねじれの位置にある辺をすべてあげよ。

(3)　次の 2 直線のなす角 θ を求めよ。ただし，$0° \leqq \theta \leqq 90°$ とする。

（ア）　AC，BE

（イ）　AC，EF

（ウ）　AE，CF

TR (基本) **75**　右の図の正五角柱 ABCDE−FGHIJ において，次の問いに答えよ。

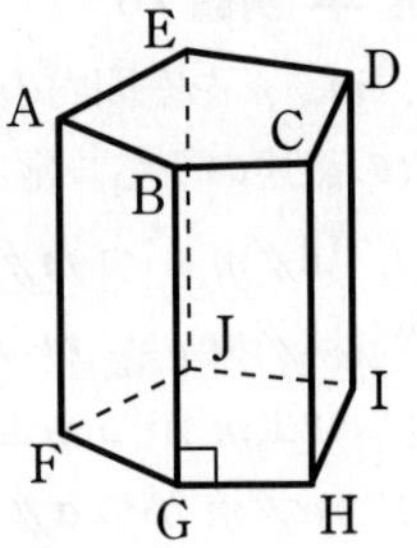

(1)　辺 AB と垂直な辺をすべてあげよ。

(2)　辺 AF とねじれの位置にある辺をすべてあげよ。

(3)　次の 2 直線のなす角 θ を求めよ。ただし，$0° \leqq \theta \leqq 90°$ とする。

(ア)　AE,　DI

(イ)　AE,　HI

(ウ)　AD,　GJ

基本 例題 76

□ 解説動画

ℓ, m, n を空間内の異なる直線, α, β, γ を空間内の異なる平面とする。
次の記述のうち，常には正しくないものを 3 つ選び，反例をあげよ。

① 「$\ell /\!/ m$ かつ $m /\!/ n$」ならば $\ell /\!/ n$ である。
② 「$\ell /\!/ m$ かつ $m \perp n$」ならば $\ell \perp n$ である。
③ 「$\ell \perp m$ かつ $m \perp n$」ならば $\ell /\!/ n$ である。
④ 「$\alpha /\!/ m$ かつ $\alpha /\!/ n$」ならば $m /\!/ n$ である。
⑤ 「$\alpha \perp \beta$ かつ $\alpha \perp \gamma$」ならば $\beta \perp \gamma$ である。
⑥ 「$\ell \perp \alpha$ かつ $\ell \perp \beta$」ならば $\alpha /\!/ \beta$ である。

TR (基本) **76**　ℓ, m を空間内の異なる直線, α, β を空間内の異なる平面とする。
次の記述のうち，常には正しくないものを 2 つ選び，反例をあげよ。

① 「$\ell \perp m$ かつ $\alpha /\!/ \ell$」ならば $\alpha \perp m$ である。
② 「$\alpha \perp \ell$ かつ $\beta /\!/ \ell$」ならば $\alpha \perp \beta$ である。
③ 「$\alpha /\!/ \ell$ かつ $\ell /\!/ m$」ならば $\alpha \perp m$ である。

標 準 例題 77 (1) すべての辺の長さが等しい正四角錐 A－BCDE において，辺 AD の中点を M とするとき，辺 AD は平面 MEC に垂直であることを証明せよ。

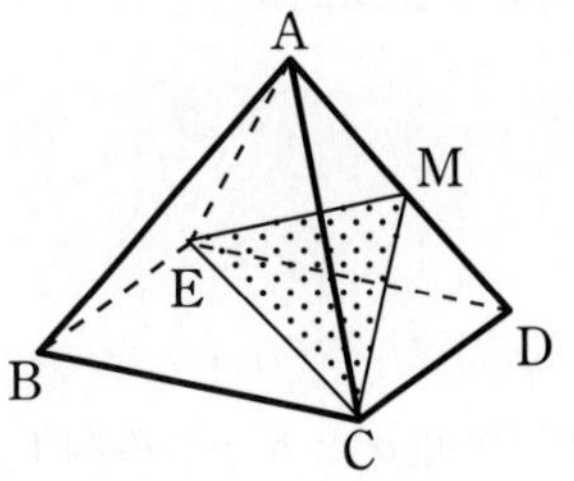

(2) 平面 α と α 上に直線 ℓ がある。α 上にない点 A，ℓ 上の点 B，および α 上にあるが ℓ 上にない点 O について，次が成り立つことを示せ。

$OB\perp\ell$，$AB\perp\ell$，$OA\perp OB$　ならば　$OA\perp\alpha$

TR (標準) **77** (1) 正四面体 ABCD において，次が成り立つことを証明せよ。

(ア) 辺 AD の中点を M とすると　AD⊥(平面 MBC)

(イ) $AD \perp BC$

(2) 平面 α と α 上に直線 ℓ がある。α 上にない点 A, ℓ 上の点 B, および α 上にあるが ℓ 上にない点 O について，次の 1 と 2 が成り立つことを証明せよ。

1 $OA \perp \alpha$, $OB \perp \ell$ ならば $AB \perp \ell$

2 $OA \perp \alpha$, $AB \perp \ell$ ならば $OB \perp \ell$

18 多 面 体

基本 例題 78

➡ 白チャートⅠ+A p. 422 (白チャートA p.148) STEP forward

次のような凸多面体の，面の数 f，辺の数 e，頂点の数 v を，それぞれ求めよ。

(1)　12 個の正五角形と 20 個の正六角形の面からなる凸多面体

(2)　右の図のように，正四面体の各辺を 3 等分する点を通る平面で，すべてのかどを切り取ってできる凸多面体

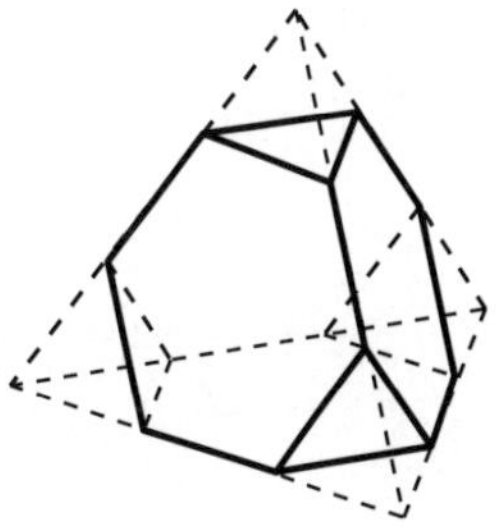

TR (基本) **78**　右の図のように，正八面体の各辺を 3 等分する点を通る平面で，すべてのかどを切り取ってできる凸多面体の面の数 f，辺の数 e，頂点の数 v を求めよ。

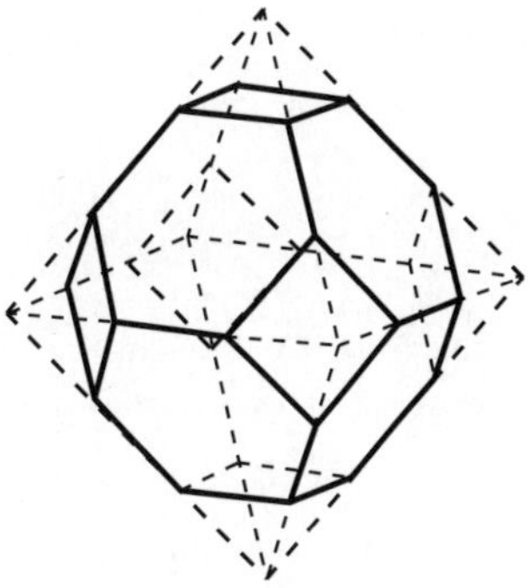

標 準 例題 79　1 辺の長さが 6 cmの立方体がある。この立方体の各面の対角線の交点 6 個を頂点とする立体 K は，正八面体である。K の体積を求めよ。

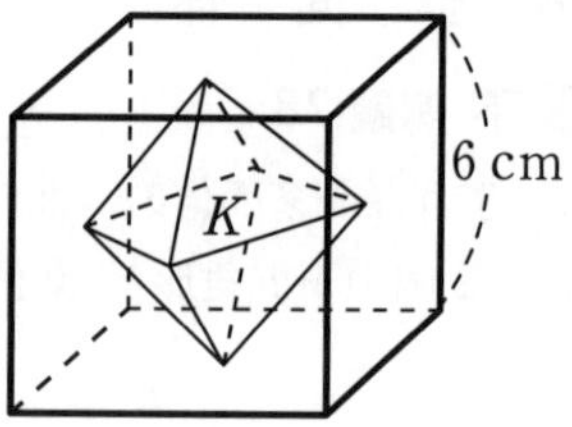

TR (標準) 79　正四面体 ABCD の頂点 A に集まる 3 つの辺 AB，AC，AD の各中点を通る平面で正四面体のかどを切り取る。さらに，頂点 B，C，D についても同じようにして，正四面体 ABCD の 4 つのかどを切り取って立体 K を作る。
このとき，立体 K は正八面体である。正四面体の 1 辺の長さが 4 であるとき，K の体積を求めよ。

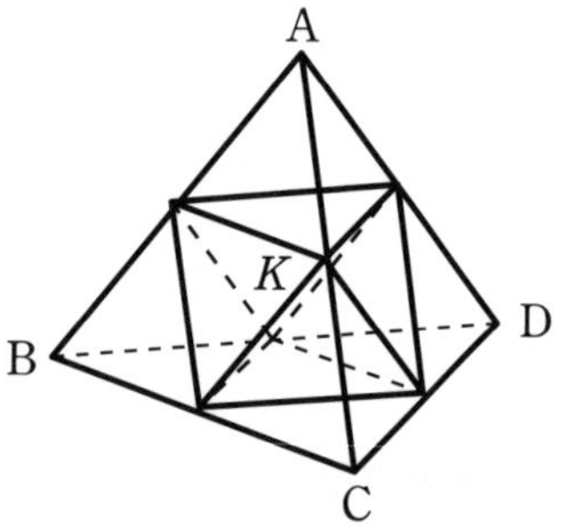

19 約数と倍数

基本 例題84

□ 解説動画

a，b は整数とする。次のことを証明せよ。

(1) a，b が5の倍数ならば，$a+b$，$2a-3b$ は5の倍数である。

(2) a，b が3の倍数ならば，a^2+b^2 は9の倍数である。

(3) a，$3a+b$ が7の倍数ならば，b は7の倍数である。

TR (基本) **84**　a，b は整数とする。次のことを証明せよ。

(1)　a，b が 6 の倍数ならば，$a-b$，$3a+8b$ は 6 の倍数である。

(2)　a，b が -2 の倍数ならば，a^2-b^2 は 4 の倍数である。

(3)　$5a-b$，a が 9 の倍数ならば，b は 9 の倍数である。

基本 例題 85

➡ 白チャートⅠ+A p. 438 (白チャートA p.164) STEP forward

(1) 4 桁の自然数 4□31 が 3 の倍数であるとき，百の位の数を求めよ。

(2) 3 桁の自然数 □1□ は 4 の倍数であり，かつ 9 の倍数である。このような整数のうち，最小のものを求めよ。

TR (基本) **85**　(1)　4 桁の整数 1□11 は 3 の倍数であるが，9 の倍数ではない。このとき，百の位の数を求めよ。

(2)　4 桁の整数 □48□ は 5 の倍数であり，かつ 9 の倍数でもある。このような整数のうち，最大のものを求めよ。

基本 例題 86 (1) 720 の正の約数の個数を求めよ。

(2) 自然数 N を素因数分解すると，素因数には 2 と 3 があり，それ以外の素因数はない。また，N の正の約数はちょうど 10 個あるという。このような自然数 N をすべて求めよ。

TR (基本) **86**　(1)　1800 の正の約数の個数を求めよ。

(2)　自然数 N を素因数分解すると，素因数には 3 と 5 があり，それ以外の素因数はない。また，N の正の約数はちょうど 6 個あるという。このような 自然数 N をすべて求めよ。

20 最大公約数・最小公倍数

基本 例題 87 □ 解説動画

次の整数の組について，最大公約数と最小公倍数を求めよ。

(1) 70，525

(2) 90，126，180

TR (基本) **87** 次の整数の組について，最大公約数と最小公倍数を求めよ。

(1) 198，264

(2) 84，252，315

標 準 例題 88 (1) 90 と自然数 n の最大公約数が 15，最小公倍数が 3150 であるという。n の値を求めよ。

(2) 最大公約数が 3，最小公倍数が 210，和が 51 である 2 つの自然数を求めよ。

TR (標準) **88** (1) 238 と自然数 n の最大公約数が 14，最小公倍数が 1904 であるという。n を求めよ。

(2) 最大公約数が 11，最小公倍数が 1320，和が 253 である 2 つの自然数を求めよ。

標 準 例題 89 a は整数とする。縦 2 m 40 cm，横 3 m 72 cmの長方形の床に，1 辺の長さが a cm の大きさの正方形のタイルをすき間なく敷き詰めたい。このときの a の最大値を求めよ。また，このとき敷き詰められるタイルの枚数を求めよ。

TR (標準) 89 縦 3 m 24 cm，横 1 m 80 cm の長方形の壁に，1 辺の長さが整数で表される同じ大きさの正方形の紙をすき間なく貼りたい。貼る紙をできるだけ大きくするには 1 辺の長さを何 cm にすればよいか。また，そのときの紙の枚数を求めよ。

標 準 例題 90　a は自然数とする。$a+2$ が 7 の倍数であり，$a+3$ が 3 の倍数であるとき，$a+9$ は 21 の倍数であることを証明せよ。

TR (標準) 90　a は自然数とする。$a+4$ が 5 の倍数であり，$a+6$ が 8 の倍数であるとき，$a+14$ は 40 の倍数であることを証明せよ。

21 整数の割り算と商・余り

基本 例題 91

□ 解説動画

a, b は整数とする。a を 8 で割ると 3 余り，b を 8 で割ると 6 余る。このとき，次の数を 8 で割った余りを求めよ。

(1) $a+b$

(2) $a-b$

(3) ab

(4) a^2

TR (基本) **91**　a，b は整数とする。a を 11 で割ると 7 余り，b を 11 で割ると 4 余る。このとき，次の数を 11 で割った余りを求めよ。

(1)　$a+b$

(2)　$b-a$

(3)　ab

(4)　a^2-b^2

標 準 例題 92 n を整数とするとき，次のことを証明せよ。

(1) n^2+5n+1 を 2 で割った余りは 1 である。

(2) n^2+1 は 3 の倍数ではない。

TR (標準) **92**　n を整数とするとき，次のことを証明せよ。

(1)　n^2+3n+6 は偶数である。

(2)　$n(n+1)(5n+1)$ は3の倍数である。

基本 例題 93 (1) 連続する 2 つの整数の積は 2 の倍数であることを証明せよ。

(2) 連続する 3 つの整数の積は 6 の倍数であることを証明せよ。

(3) n は整数とする。n^3-n は 6 の倍数であることを証明せよ。

TR (基本) **93**　n は整数とする。次のことを利用して，(1)，(2) を証明せよ。

連続する 2 つの整数の積は 2 の倍数である。

連続する 3 つの整数の積は 6 の倍数である。

(1)　n が奇数のとき，n^2+2 を 8 で割った余りは 3 である。

(2)　n^3-3n^2+2n は 6 の倍数である。

22 ユークリッドの互除法

基本 例題 105 次の 2 つの整数の最大公約数を，互除法を用いて求めよ。

(1) 221，91

(2) 418，247

(3) 1501，899

TR (基本) 105 次の 2 つの整数の最大公約数を，互除法を用いて求めよ。

(1) 767，221

(2) 966, 667

(3) 1679, 837

基本 例題 106 (1) 等式 $31x+17y=1$ を満たす整数 x, y の組を 1 つ求めよ。

(2) 等式 $31x+17y=4$ を満たす整数 x, y の組を 1 つ求めよ。

TR (基本) 106 (1) 等式 $53x+29y=1$ を満たす整数 x, y の組を 1 つ求めよ。

(2) 等式 $53x+29y=-3$ を満たす整数 x, y の組を 1 つ求めよ。

基本 例題 107

□ 解説動画

次の方程式の整数解をすべて求めよ。

(1)　$7x+13y=0$

(2)　$5x+9y=1$

TR (基本) **107**　次の方程式の整数解をすべて求めよ。

(1)　$12x-11y=0$

(2) $23x+8y=1$

基本 例題 108

➡ 白チャート I+A p. 479 (白チャート A p.205) ズームUP−review−

(1) 方程式 $29x+12y=1$ …… ① の整数解をすべて求めよ。

(2)　方程式 $29x+12y=-2$ …… ② の整数解をすべて求めよ。

TR (基本) **108**　(1)　方程式 $55x-16y=1$ …… ① の整数解をすべて求めよ。

(2) 方程式 $55x-16y=2$ …… ② の整数解をすべて求めよ。

標 準 例題 109　14 で割ると 5 余り，9 で割ると 7 余る自然数 n のうち，3 桁で最大のものを求めよ。

TR (標準) **109**　23 で割ると 8 余り，15 で割ると 5 余る自然数のうち，4 桁で最小のものを求めよ。

23 n 進法

基本 例題 110

□ 解説動画

(1) 次の数を 10 進法で表せ。

(ア) $10011_{(2)}$

(イ) $1234_{(5)}$

(ウ) $634_{(7)}$

(2) 次の 10 進数を[ ]内の表し方で表せ。

(ア) 39 [2 進法]

（イ） 33 ［3 進法］

（ウ） 366 ［5 進法］

TR（基本）**110** (1) 次の数を 10 進法で表せ。

（ア） $1010101_{(2)}$

（イ） $333_{(4)}$

(ウ) $175_{(8)}$

(2) 次の 10 進数を [　] 内の表し方で表せ。

(ア) 54 [2 進法]

(イ) 1000 [5 進法]

(ウ) 3776 [7 進法]

標 準 例題 111　(1)　$0.1011_{(2)}$ を 10 進法の小数で表せ。

(2)　10 進数 0.375 を　(ア)　2 進法　(イ)　5 進法　で表せ。

TR (標準) **111**　(1)　(ア)　$0.1001_{(2)}$　(イ)　$0.43_{(5)}$　を 10 進法の小数で表せ。

(2)　10 進数 0.75 を　(ア)　2 進法　(イ)　3 進法　で表せ。

24 座標の考え方

基本 例題 112 平らな広場の地点 O を原点とし，東の方向を x 軸の正の向き，北の方向を y 軸の正の向きとする座標平面を考える。
a さんの家は，点 O から東の方向に 17 進んだ地点 A にある。そして，2 点 O，A を結んだ線より北側の地点 P にバス停がある。地点 P は，O からの距離が 25，A からの距離が 26 である。

(1) 地点 A の座標を求めよ。

(2) 地点 P の座標を求めよ。

TR (基本) 112 平らな広場の地点 O を原点とし，東の方向を x 軸の正の向き，北の方向を y 軸の正の向きとする座標平面を考える。
地点 A は，点 O から東の方向に 28 進んだ位置にある。そして，2 点 O，A を結んだ線より南側に地点 P がある。
地点 P は，O からの距離が 25，A からの距離が 17 である。

(1) 地点 A の座標を求めよ。

(2) 地点 P の座標を求めよ。

基本 例題 113 (1) 点 P(2, 3, 1) から xy 平面, yz 平面, zx 平面にそれぞれ垂線 PA, PB, PC を下ろす。3 点 A, B, C の座標を求めよ。

(2) 点 P(2, 3, 1) と xy 平面, yz 平面, zx 平面に関して対称な点をそれぞれ D, E, F とする。3 点 D, E, F の座標を求めよ。

(3) 原点Oと点P(2, 3, 1)の距離を求めよ。

TR (基本) **113** (1) 点P(−2, 4, 3)から xy 平面，yz 平面，zx 平面にそれぞれ垂線PA，PB，PCを下ろす。3点A，B，Cの座標を求めよ。

(2) 点P(−2, 4, 3)と xy 平面，yz 平面，zx 平面に関して対称な点をそれぞれD，E，Fとする。3点D，E，Fの座標を求めよ。

(3) 原点Oと点P(−2, 4, 3)の距離を求めよ。

自己評価表

A：よく理解できた　B：少し理解できた　C：あまり理解できなかった

問題番号	自己評価
例題 63	A B C
63	A B C
例題 64	A B C
64	A B C
例題 65	A B C
65	A B C
例題 66	A B C
66	A B C
例題 67	A B C
67	A B C
例題 68	A B C
68	A B C
例題 69	A B C
69	A B C
例題 70	A B C
70	A B C
例題 71	A B C
71	A B C
例題 72	A B C
72	A B C
例題 73	A B C
73	A B C
例題 74	A B C
74	A B C
例題 75	A B C
75	A B C
例題 76	A B C
76	A B C
例題 77	A B C
77	A B C
例題 86	A B C
86	A B C
例題 87	A B C
87	A B C

問題番号	自己評価
例題 88	A B C
88	A B C
例題 89	A B C
89	A B C
例題 90	A B C
90	A B C
例題 91	A B C
91	A B C
例題 92	A B C
92	A B C
例題 93	A B C
93	A B C
例題 94	A B C
94	A B C
例題 95	A B C
95	A B C
例題 96	A B C
96	A B C
例題 97	A B C
97	A B C
例題 98	A B C
98	A B C
例題 99	A B C
99	A B C
例題 100	A B C
100	A B C
例題 111	A B C
111	A B C
例題 112	A B C
112	A B C
例題 113	A B C
113	A B C
例題 114	A B C
114	A B C

問題番号	自己評価
例題 115	A B C
115	A B C
例題 116	A B C
116	A B C
例題 117	A B C
117	A B C
例題 118	A B C
118	A B C
例題 119	A B C
119	A B C
例題 120	A B C
120	A B C
例題 126	A B C
126	A B C
例題 127	A B C
127	A B C
例題 128	A B C
128	A B C
例題 129	A B C
129	A B C
例題 130	A B C
130	A B C
例題 131	A B C
131	A B C
例題 132	A B C
132	A B C
例題 133	A B C
133	A B C
例題 134	A B C
134	A B C
例題 135	A B C
135	A B C
例題 136	A B C
136	A B C

問題番号	自己評価
例題137	A B C
137	A B C
例題138	A B C
138	A B C
例題139	A B C
139	A B C
例題140	A B C
140	A B C
例題144	A B C
144	A B C
例題145	A B C
145	A B C
例題146	A B C
146	A B C
例題147	A B C
147	A B C
例題148	A B C
148	A B C
例題149	A B C
149	A B C
例題150	A B C
150	A B C
例題151	A B C
151	A B C
例題152	A B C
152	A B C
例題153	A B C
153	A B C
例題154	A B C
154	A B C
例題155	A B C
155	A B C

I
2

ISBN978-4-410-71915-8

C7037 ¥250E

9784410719158

1927037002502

チきそ演基本標準例題ノートI
2次関数，図形と計量，
データの分析
定価（本体250円＋税）

71915

数研出版
https://www.chart.co.jp